BEI GRIN MACHT SICH IHR WISSEN BEZAHLT

- Wir veröffentlichen Ihre Hausarbeit, Bachelor- und Masterarbeit

- Ihr eigenes eBook und Buch - weltweit in allen wichtigen Shops

- Verdienen Sie an jedem Verkauf

Jetzt bei www.GRIN.com hochladen und kostenlos publizieren

Bibliografische Information der Deutschen Nationalbibliothek:

Die Deutsche Bibliothek verzeichnet diese Publikation in der Deutschen Nationalbibliografie; detaillierte bibliografische Daten sind im Internet über http://dnb.d-nb.de/ abrufbar.

Dieses Werk sowie alle darin enthaltenen einzelnen Beiträge und Abbildungen sind urheberrechtlich geschützt. Jede Verwertung, die nicht ausdrücklich vom Urheberrechtsschutz zugelassen ist, bedarf der vorherigen Zustimmung des Verlages. Das gilt insbesondere für Vervielfältigungen, Bearbeitungen, Übersetzungen, Mikroverfilmungen, Auswertungen durch Datenbanken und für die Einspeicherung und Verarbeitung in elektronische Systeme. Alle Rechte, auch die des auszugsweisen Nachdrucks, der fotomechanischen Wiedergabe (einschließlich Mikrokopie) sowie der Auswertung durch Datenbanken oder ähnliche Einrichtungen, vorbehalten.

Impressum:

Copyright © 2017 GRIN Verlag
Druck und Bindung: Books on Demand GmbH, Norderstedt Germany
ISBN: 9783668636095

Dieses Buch bei GRIN:

https://www.grin.com/document/412436

Dennis Neutsch

Der Machtbegriff. Eine Einführung in die moderne politische Theorie

GRIN Verlag

GRIN - Your knowledge has value

Der GRIN Verlag publiziert seit 1998 wissenschaftliche Arbeiten von Studenten, Hochschullehrern und anderen Akademikern als eBook und gedrucktes Buch. Die Verlagswebsite www.grin.com ist die ideale Plattform zur Veröffentlichung von Hausarbeiten, Abschlussarbeiten, wissenschaftlichen Aufsätzen, Dissertationen und Fachbüchern.

Besuchen Sie uns im Internet:

http://www.grin.com/

http://www.facebook.com/grincom

http://www.twitter.com/grin_com

Leibniz Universität

Institut für Politische Wissenschaft

„Einführung in die moderne politische Theorie"

(SoSe 2017)

SAMMELREZENSION

Block III - Macht

Dennis Neutsch

In der folgenden Sammelrezension werden die Schriften der Autoren Carl Schmitt (Der Begriff des Politischen, S. 20-54), Hannah Arendt (Macht und Gewalt, Kapitel II, S. 36-58), Niklas Luhmann (Politische Soziologie, Kapitel 4, 5 und 18, S. 35-48 und S. 253-264) sowie Judith Butler („Wie Sprache verletzen kann", in: Dies., Haß spricht. Zur Politik des Performativen, S. 9-25 und „Benennung als verletzendes Handeln", in: Dies., Haß spricht. Zur Politik des Performativen, S. 47-61) inhaltlich wiedergegeben und in einer Vergleichsperspektive hinsichtlich des Themas Macht dargestellt. Die vier Autoren haben eine grundsätzlich unterschiedliche Einstellung zur Politik.

Schmitt, Carl (1932): Der Begriff des Politischen, Berlin, S. 20-54.

Carl Schmitt versucht in seinem Text den Begriff „Politik" zu definieren. Hierbei wird der Begriff des Politischen dem Begriff des Staates vorausgesetzt. Ein Staat, so Schmitt, ist ein Zustand eines Volkes, dessen Merkmale, hinsichtlich Status und Volk, erst durch das Politische ihren Sinn erhalten. Die Gleichsetzung von „staatlich" und „politisch" wird hingegen als unbefriedigend bezeichnet (Schmitt, S.20-21). Auch die zahlreiche Rechtsprechung innerhalb eines Staates gibt keine eindeutige Definition des Politischen wider, sondern bekräftigt lediglich die Bezugnahme zum Politischen. Gegensätzlich treten nichtstaatliche und unpolitische Gruppen auf (Schmitt, S. 23).

Das Politische setzt sich von selbständigen Sachgebieten menschlichen Denkens und Handelns ab und hat eigene Kriterien, die jeweils auf politisches Handeln zurückgeführt werden können. Hierbei vergleicht Schmitt beispielsweise zwischen der moralischen Sicht von „Gut und Böse", der ästhetischen Sichtweise von „Schön und Häßlich" sowie der ökonomischen Abwägung von „Nützlich und Schädlich" oder „Rentabel und Nicht-Rentabel". Politik müsse als Kampf verstanden werden, als Resultat von gegensätzlichen Aspekten und Meinungen, einer Unterscheidung von „Freund und Feind". Diese spezifisch politische Unterscheidung lässt sich auf politische Handlungen zurückführen und umfasst eine unabhängige Begriffsbestimmung des Politischen (Schmitt, S. 26). Die Unterscheidung von „Freund und Feind" ist klar von anderen Unterscheidungen (moralisch, ästhetisch etc.) zu trennen und sachlich sowie selbstständig zu werten. Die Begriffe „Freund und Feind" sowie „Kampf" sind, so Schmitt, nach ihrem tatsächlichen Sinn zu verstehen (Schmitt, S. 28-29 und 33). Hierbei erscheint der „Kampf" als einziges und notwendiges Mittel zur Vernichtung des Feindes zum eigenen Überleben. Sofern eine reale Möglichkeit eines Kampfes besteht, kann von Politik gesprochen werden (Schmitt, S. 32). Der „Kampf" ist „die reale Möglichkeit der physischen Tötung", welches Schmitt allerdings klar vom militärischen Kampf trennt. Die Möglichkeit eines (politischen) Kampfes und die Gruppierung von Freund und Feind ist für Schmitt eine unabdingbare Voraussetzung für menschliches Handeln und Denken, auch wenn Krieg nur im „Ernstfall" entsteht. Ohne die Möglichkeit einen Kampf auszuüben, wäre keine Unterscheidung von Freund und Feind möglich und keine Politik veräußerbar (Schmitt, S. 33-35). Die Befähigung Krieg zu führen und über das Leben von Menschen zu entscheiden obliegt einzig dem Staat. Der Staat hat somit die Obrigkeit dem Volk Sicherheit und Ordnung zu schaffen, welche für den Kampf benötigt wird (Schmitt, S. 46-47).

Carl Schmitt interpretiert Politik als reale Möglichkeit einen Krieg zu bestreiten, durch die Gruppierung von Freund und Feind. Hierbei vertritt er einen Ansatz, der Gewalt im Sinne von Kampf und Krieg als essenziell gewertet wird.

Arendt, Hannah (1970): Macht und Gewalt. Kapitel II, München. S. 36-58

Im Text Macht und Gewalt von Hannah Arendt werden die Begriffe „Macht" sowie „Gewalt" behandelt. Hierbei wird der Staat durch die obige (herrschende) Klasse zum Instrument zur Unterdrückung des Volkes (Arendt, S. 36). Problematisch ist für Arendt die Gleichsetzung und die Machtausübung durch Gewalt. Hierbei vergleicht sie den Befehl eines Polizisten mit dem Befehl eines bewaffneten Verbrechers. Darüber hinaus wird unterschieden, ob Macht über andere ausgeübt wird oder man Macht über sich ausüben lässt Für Arendt ist dies nur ein psychologischer Zusammenhalt. Die Macht des Staates oder ihrer Institutionen sowie ihre Gesetzlichkeiten können nur funktionieren, wenn sie die Unterstützung des Volkes erhält (Arendt, S. 42). Eine Institution kann ohne die Zustimmung und dem Einvernehmen des Volkes nicht bestehen. Arendt definiert Macht als „menschliche Fähigkeit, nicht nur zu handeln", sondern darüber hinaus „sich mit anderen zusammenzuschließen und im Einvernehmen mit ihnen zu handeln". Macht ist demnach nur im großen Kollektiv möglich und nicht durch Einzelne durchsetzbar (Arendt, S. 45).

Den Begriff Gewalt definiert Arendt als eine Art „instrumentalen Charakter" und dient als Werkzeug. Im Gegensatz zur Macht bedarf Gewalt keine kollektive Durchsetzbarkeit. Sie wird dem Begriff Stärke zugeschrieben. Macht hingegen gehört eher dem Begriff der Autorität an. Sie kann einer Person oder Gruppe zugeschrieben werden (Arendt, S. 47).

Ein Staat kann nur mit Gewalt nicht existieren, sodass Macht immer ein essentieller Bestandteil eines Staates sein muss. Gewalt allein lässt keinen Staat entstehen (Arendt, S. 51).

Arendt definiert weitere maßgebliche Unterschiede der beiden Begriffe. So ist Macht ohne jegliche Rechtfertigung möglich, bedarf aber einer Legitimität, die durch den Zusammenschluss mehrerer Menschen entsteht (Arendt, S. 53). Gewalt hingegen ist niemals legitim und bedarf einer Rechtfertigung. „Gewalt kann Macht vernichten; sie ist gänzlich außerstande, Macht zu erzeugen." (Arendt, S. 57).

Beziehen wir uns nochmals auf das Modell des Polizisten und des bewaffneten Verbrechers. Ein Schuss aus den Gewehrläufen (Gewalt) kann jeden herrschenden Personenkreis (Macht) stürzen, doch alles, „was niemals aus den Gewehrläufen kommt, ist Macht." (Arendt, S. 54-55).

Hannah Arendt trennt die Begriffe Macht und Gewalt und deklariert sie nahezu als Gegensätze. „Wo die eine absolut herrscht, ist die andere nicht vorhanden." (Arendt, S. 57).

Der entscheidende Unterschied zu Carl Schmitt ist die Ablehnung von Gewalt und die Trennung von Macht und Gewalt. Politik und Staat wird nach Arendt über Macht geformt und nicht durch Gewalt. Macht kann durch Gewalt fallen, doch Gewalt kann niemals Macht erzeugen. Carl Schmitt plädiert für eine Politik, die sich durch Gewalt äußert. Trotzdem sind sich die Theorien der beiden Autoren auch in einem gewissen Punkt einig. Beide sehen die Politik unabhängig vom Staat.

Luhmann, Niklas (2010): Politische Soziologie, Frankfurt a.M., S. 35-48 und S. 253-264.

In seinem Werk Politische Soziologie sieht Niklas Luhmann vor allem die Komplexität der Politik als Problem an. Betracht als System, ist die Politik nur ein „Teilsystem der Gesellschaft", welches mit den offenen Problemen der Gesellschaft konfrontiert wird und diese durch bindende Entscheidungen löst. Diese Bindungen sind nicht nur politischer Herkunft, sondern auch mit dem Sozialsystem der Gesellschaft verkuppelt (Luhmann, S. 36-38). „Das politische System reduziert Komplexität mithin nicht nur wie ein Organismus für sich selbst, als Bedingung seines eigenen Fortbestehens in einer übermäßig komplexen Welt, sondern in erster Linie für seine Umwelt, die selbst den Charakter eines umfassenden Systems hat." (Luhmann, S. 38).

Charakter und Definition von Politik lässt sich nach Luhmann nicht allein von der Funktion ableiten, sondern bedarf dazu einer Struktur. Luhmann bezieht sich auf Parsons, der als Funktion von Politik das „goal attainment" annimmt und das Kommunikationswerkzeug der Macht hinzuzieht „und im Machtbegriff das Moment der bindenden Entscheidung unterbringt." (Luhmann, S. 38). Für Luhmann ist Parsons Theorie nur ein Ansatz, der erweiterbar ist. Ein politisches System kann nur dann bestehen, wenn es einer Gesellschaft auch tatsächlich gelingt, „den in bestimmten Rollen und Rollenzusammenhängen ablaufenden selektiven Prozessen Verbindlichkeit für andere Rollen zu verschaffen." (Luhmann, S. 39). Das System ist nur praktikabel, wenn die Menschen im Kollektiv orientiert sind und gemeinsam handeln.

Die Herstellung bindender Entscheidungen lässt sich, so Luhmann, nur gewährleisten, wenn das System als Sozialsystem gebildet wird, welches ihre eigene Funktion als Problem erkennt und durch Problemlösung erfüllt (Luhmann, S. 40). Hierzu bedarf es einer Einrichtung des Systems, welches die „Problementscheidungen", in einer Art Prozess und mithilfe allgemeiner Akzeptanz, an sich nimmt. Nur die Einführung eines geregelten Systems lässt eine Reduktion der Komplexität zu. Die Reduktion der Komplexität ist nach Luhmann der wichtigste Prozess. Zur Stabilität und Generalisierbarkeit teilt er das politische System in Politik und Verwaltung (Luhmann, S. 42). Luhmann nimmt nicht nur Bezug auf den Staat und dessen politisches System, sondern bezieht sich auch auf kleine Systeme, wie z.B. Vereine, Betriebe oder die Familie. Auch in diesen Kreisen herrscht ein System, auch wenn sie weniger in die Öffentlichkeit getragen werden und es den Verantwortlichen an „politischer Legitimität" fehlt (Luhmann, S. 48).

Die Verwaltung definiert Luhmann als „die Handlungen der Staatsorgane" (Luhmann, S. 253). Entscheidungen werden von der Verwaltung, im Gegensatz zu den Politikern, unter Ausschluss der Öffentlichkeit vorbereitet. Die Entscheidungen werden auf Grundlage von Gesetzen und Verordnungen getroffen und sind prinzipiell nicht die Angelegenheit der Politik. Dennoch versuchen Politiker Entscheidungen in der Öffentlichkeit zu publizieren, um ihren politischen Nutzen zu ziehen (Luhmann, S. 254).

Bei öffentlichen Verwaltungsentscheidungen kann das Volk mitbekommen, welchen alternativen Entscheidungsweg man hätte wählen können. „Je größer die im System erfasste und realisierbare Zahl der Möglichkeiten ist, desto größer ist auch die Gefahr der Desintegration." (Luhmann, S. 256). Aufgrund dessen sieht Luhmann vor allem das Volk als wichtigsten Entscheidungsträger, damit keine Spaltungen entstehen. Die Entscheidungen müssen vom Volk unterstützt und getragen werden.

„Politik muß als Teil des laufenden Staatsbetriebes, aber außerhalb der Verwaltung, rationalisiert und systematisiert werden. Diese Notwendigkeit steht hinter dem Zwang zur demokratischen Form, dem alle modernen politischen Systeme ausgesetzt sind; sie sollen daher auch den Kern einer Theorie der Demokratie ausmachen." (Luhmann, S. 256)

Als Bestandteil politischen Handelns und Politik sieht Luhmann die legitime Macht. Bevor diese legitime Macht angewendet werden kann, muss sie zunächst geschaffen werden. „Erst wenn die volle Komplexität der Möglichkeiten des politischen Systems (…) auf das wirklich Mögliche reduziert ist, kann legitime Macht als weiterführender selektiver Mechanismus eingesetzt werden." (Luhmann, S. 260). Macht ist, so Luhmann, die „Generalisierung der Relevanz einzelner Reduktionsleistungen". Politische Prozesse sind hierbei der Funktionsträger für die Legitimation von Macht. Je weniger Komplexität im politischen System, desto mehr Macht und umgekehrt, je mehr Macht, desto weniger Komplexität (Luhmann, S. 261).

Der wichtigste Bestandteil für Politik und Macht ist die Kommunikation. Kommunikation ist nach Luhmann die essenzielle Grundvoraussetzung für ein politisches System und dessen Legitimation. „Auch darin erscheint die neue Autonomie und Ausdifferenzierung des politischen Systems, dass Legitimität nicht einfach auf feststehende Gesellschaftsstrukturen gegründet werden kann, sondern im politischen System selbst erarbeitet werden muss, ein Vorgang, der durch laufende Kommunikationsprozesse auf die Umwelt des politischen System, die Gesellschaft, rückbezogen und an ihr kontrolliert wird."

Luhmann stellt mit seiner Theorie soziale Systeme in den Vordergrund, ein theoretisches Modell, dass die Komplexität der Systeme erfassen und die gesellschaftlichen Gegebenheiten erklären soll.

Butler, Judith (1998): „Wie Sprache verletzen kann", in: Dies., Haß spricht. Zur Politik des Performativen, Berlin, S. 9-25

Judith Butler befasst sich in ihren Texten mit der Macht der Sprache. Kann Sprache tatsächlich verletzen? Butler fügt hierzu die Schimpfnamen an. Wer angesprochen wird, benutzt zur Antwort selbst Sprache. Jede Anrede übt eine Kraft auf den Adressaten aus. Butler bezieht sich auf den Sprachphilosophen Austin, der die Theorie vertritt, dass in jeder Situation, in der wir angesprochen werden, die Gesamtsituation zu betrachten ist. Hierbei unterscheidet er in zwei Akten, dem illokutionären und dem perlokutionären. Die Tat des Sprechens ist der illokutionäre Akt. Die Effekte, die daraus resultieren sind der perlokutionäre Akt. Während die meisten Sprechakte an Ort und Zeit gebunden sind, brechen verletzende Worte diesen Kontext. „Durch das Sprechen verletzt zu werden bedeutet, dass man den Kontext verliert, also buchstäblich nicht weiß, wo man ist. Vielleicht macht tatsächlich gerade das Unvorhersehbare des verletzenden Sprechens die Verletzung aus, der Adressat wird seiner Selbstkontrolle beraubt." (Butler, S. 10-12). Nach Butler wird durch die Anrede, auch wenn sie verletzender Form ist, der Körper existent. Der Körper wird anerkannt und ist anerkennbar. In dieser Sache sieht Butler das Problem, „wenn die Sprache den Körper erhalten kann, so kann sie ihn zugleich auch in seiner Existenz bedrohen" (Butler, S. 15). Körperlicher Schmerz kann nicht ausgedrückt werden, daher wird versucht den Schmerz in Sprache auszudrücken. Elaine Scarry sieht die Androhung von Gewalt als eine Bedrohung für die Sprache. Sie sieht Gewalt und Sprache als Gegensätze an.

Sprache ist Macht, die Handlungen nach sich zieht. Eine Handlungsmacht, die Folgen hat. Butler fügt an, dass die Sprache selbst allerdings nicht die Macht ist, sondern die Subjekte, die die Sprache nutzen. Sprache dient demnach als Instrument von Macht. Sprache ist was wir tun und das was wir damit bewirken (Butler, S. 17-18). Wenn Sprache mittels Drohung eine Handlung äußert, spiegelt sich diese nicht nur in der Sprache wider, sondern bezieht sich auch auf den Körper, da die sprachliche Äußerung einer Drohung sich auf eine mögliche Handlung bezieht, die der Körper tun könnte. Sprechen kann selbst also als eine körperliche Handlung gesehen werden (Butler, S. 21).

Butler, Judith (1998): „Benennung als verletzende Handlung", in: Dies., Haß spricht, Zur Politik des Performativen, Berlin, S. 47-61.

Butler nennt ein weiteres Beispiel für verletzende Sprache - „Beschreibungen oder sogar Formen des Schweigens" (Butler, S. 47)

Als Nutzer der Sprache erhält man Macht, welche durch die Struktur der Anrede geformt wird, insofern diese zugleich als sprachliche Verletzbarkeit und Ausübung der Sprache bestimmt ist (Butler, S. 47-48). Macht der Sprache ist vor dem Gebrauch erlernt worden. „Erst, wenn diese Geste der Übernahme oder Aneignung stattgefunden hat, wird der Ruf zur Anrufung" (Butler, S. 53). Durch die Ansprache erkennen wir unsere Gegenüber an und geben ihnen eine gewisse Autorität sowie Identität (Butler, S. 54).

Während Niklas Luhmann die Kommunikation als Grundvoraussetzung für Politik sieht, beschäftigt sich Judith Butler genauer mit der Sprache selbst. Butler sieht die Sprache als Ursache für Veränderungen. Jeder hat es selbst in der Hand, was mit der Sprache und somit mit ihrem Einfluss auf andere Menschen geschieht. Demnach ist auch für sie die Kommunikation ein wichtiger Bestandteil. Butler untersucht zudem den Machtursprung der Sprache. Alles was wir lernen, haben wir von jemandem zuvor gelernt. Gleiches gilt für verletzende Kommunikation. „Das Subjekt, das hate speech spricht, ist zweifellos für dieses Sprechen verantwortlich, jedoch nur selten sein Urheber" (Butler, S. 55).

Alle Autoren beschäftigen sich mit dem Thema der Machtausübung, dennoch haben alle eine unterschiedliche Sichtweise und Einstellung zum Thema Macht.

Die Autoren gehen einer unterschiedlichen Fragestellung nach, Schmitt beschäftigte sich damit, wie Macht ausgeübt wird, Arendt setzte sich damit auseinander, ob Macht Gewalt braucht, Luhmann setzte sich mit der Entstehung von Gewalt auseinander und Butler spezifizierte sich auf kommunikative Macht und ihre Auswirkung.

BEI GRIN MACHT SICH IHR WISSEN BEZAHLT

- Wir veröffentlichen Ihre Hausarbeit, Bachelor- und Masterarbeit

- Ihr eigenes eBook und Buch - weltweit in allen wichtigen Shops

- Verdienen Sie an jedem Verkauf

Jetzt bei www.GRIN.com hochladen und kostenlos publizieren